灵蛇献瑞

2025

乙巳年

邮票里的传统文化

"邮"历2025

邮票里的传统文化

刘建辉 主编

蔡志忠 绘

安徽美术出版社
全国百佳图书出版单位

图书在版编目（CIP）数据

邮票里的传统文化 / 刘建辉主编 ; 蔡志忠绘 .

合肥 : 安徽美术出版社 , 2024. 8. — ISBN 978-7-5745-
0678-7

Ⅰ . G262.2-64

中国国家版本馆 CIP 数据核字第 2024KX8835 号

邮票里的传统文化
YOUPIAO LI DE CHUANTONGWENHUA

刘建辉 主编　蔡志忠 绘

出 版 人 : 王训海　　　　　　选题策划 : 王元元　熊裕明
责任编辑 : 熊裕明　刘 欢　　责任校对 : 司开江
责任印制 : 欧阳卫东
出版发行 : 安徽美术出版社
地　　址 : 合肥市翡翠路 1118 号出版传媒广场 14 层
邮　　编 : 230071
营 销 部 : 0551-63533604　0551-63533607
印　　制 : 济南新先锋彩印有限公司
开　　本 : 889mm × 1194mm　1/32
印　　张 : 9
版　　次 : 2024 年 8 月第 1 版
印　　次 : 2024 年 8 月第 1 次印刷
书　　号 : ISBN 978-7-5745-0678-7
定　　价 : 100.00 元

如发现印装质量问题影响阅读，请与我社营销部联系调换

2025

一月

本月计划

狌 狌

来自山海学院，山海小队成员。勇敢的大力士，武力超群，面对危险时总是冲在第一位，是山海小队最坚实的依靠。

January

星期一	星期二	星期三	星期四	星期五	星期六	星期日
		1 元旦	**2** 初三	**3** 初四	**4** 初五	**5** 小寒
6 初七	**7** 腊八节	**8** 初九	**9** 初十	**10** 十一	**11** 十二	**12** 十三
13 十四	**14** 十五	**15** 十六	**16** 十七	**17** 十八	**18** 十九	**19** 二十
20 大寒	**21** 廿二	**22** 廿三	**23** 廿四	**24** 廿五	**25** 廿六	**26** 廿七
27 廿八	**28** 除夕	**29** 春节	**30** 初二	**31** 初三		

蛇（癸巳年）

第 1 周

Mon. **星期一** / **30**
甲辰年十一月三十

Tues. **星期二** / **31**
甲辰年腊月初一

Wed. **星期三** / **1**
甲辰年腊月初二

◆ 元旦 ◆

咏雪

〔清〕郑燮

一片两片三四片，
五六七八九十片。
千片万片无数片，
飞入梅花都不见。

Thur. **星期四** / **2**
甲辰年腊月初三

Fri. **星期五** / **3**
甲辰年腊月初四

Sat. **星期六** / **4**
甲辰年腊月初五

Sun. **星期日** / **5**
甲辰年腊月初六

◆ 小寒 ◆

多穿衣

寒夜

〔宋〕杜耒

寒夜客来茶当酒，
竹炉汤沸火初红。
寻常一样窗前月，
才有梅花便不同。

甲辰年 龙年 腊月初六
冬季的第五个节气

小寒连大吕，
欢鹊垒新巢。

■ 小寒胜大寒，常见不稀罕 ■

　　小寒是二十四节气中的第二十三个节气，是干支历子月的结束以及丑月的起始。小寒节气的特点就是寒冷，但还没有冷到极致。有民谚曰："小寒时处二三九，天寒地冻冷到抖。"

谐趣园

第 2 周

Mon. **星期一** / **6**
甲辰年腊月初七

Tues. **星期二** / **7**
甲辰年腊月初八

◆ 腊八节 ◆

Wed. **星期三** / **8**
甲辰年腊月初九

谐趣园中寻谐趣，

大雪映日趣自成。

谐趣园是颐和园中最负盛名的园中园，
园名取自乾隆"一亭一径，足谐奇趣"的意境。

Thur. **星期四**
甲辰年腊月初十 / **9**

Fri. **星期五**
甲辰年腊月十一 / **10**

Sat. **星期六**
甲辰年腊月十二 / **11**

Sun. **星期日**
甲辰年腊月十三 / **12**

梅花

第 3 周

Mon. **星期一**
甲辰年腊月十四 / **13**

Tues. **星期二**
甲辰年腊月十五 / **14**

Wed. **星期三**
甲辰年腊月十六 / **15**

早梅

〔唐〕张谓

一树寒梅白玉条，
迥临村路傍溪桥。
不知近水花先发，
疑是经冬雪未销。

Thur. **星期四** / **16**
甲辰年腊月十七

Fri. **星期五** / **17**
甲辰年腊月十八

Sat. **星期六** / **18**
甲辰年腊月十九

Sun. **星期日** / **19**
甲辰年腊月二十

春节

第 4 周

Mon. **星期一** / **20**
甲辰年腊月廿一
◆大寒◆

Tues. **星期二** / **21**
甲辰年腊月廿二

Wed. **星期三** / **22**
甲辰年腊月廿三

大寒

迎新年

甲辰年 龙年 腊月廿一
冬季的最后一个节气

大寒吟

〔宋〕邵雍

旧雪未及消，
新雪又拥户。
阶前冻银床，
檐头冰钟乳。
清日无光辉，
烈风正号怒。
人口各有舌，
言语不能吐。

大寒已过腊来时，
万物那逃出入机。

■ 大寒一到，年味渐浓 ■

　　大寒是天气寒冷到极致的意思，也是二十四节气中最后一个节气。大寒节气处在三九、四九时段，此时寒潮南下频繁，是一年中最寒冷的时节。大寒节气在岁末，大寒一过，冬去春来，又开始一个新的轮回。节气期间的一些民俗多了辞旧迎新的意味，因为中国人最重要的节日 —— 春节就要到了。

吃灶糖

〔清〕佚名

岁暮方思媚灶王，
香瓜元宝皆麦糖。
粘口何需多如此，
买颗先命小儿尝。

祭灶诗

〔宋〕吕蒙正

一碗清汤诗一篇，
灶君今日上青天。
玉皇若问人间事，
乱世文章不值钱。

Thur. **星期四**
甲辰年腊月廿四 / **23**

Fri. **星期五**
甲辰年腊月廿五 / **24**

Sat. **星期六**
甲辰年腊月廿六 / **25**

Sun. **星期日**
甲辰年腊月廿七 / **26**

春节

第 5 周

Mon. **星期一** / **27**
甲辰年腊月廿八

Tues. **星期二** / **28**
甲辰年腊月廿九
◆ 除夕 ◆

Wed. **星期三** / **29**
乙巳年正月初一
◆ 春节 ◆

2025

二月

本月计划

九尾狐

　　来自山海学院，山海小队成员。俏皮可爱的开心果，善于各种变化，但是个"小马虎"，不时会留下一些小小的破绽。

February

星期一	星期二	星期三	星期四	星期五	星期六	星期日
					1 初四	**2** 初五
3 立春	**4** 初七	**5** 初八	**6** 初九	**7** 初十	**8** 十一	**9** 十二
10 十三	**11** 十四	**12** 元宵节	**13** 十六	**14** 情人节	**15** 十八	**16** 十九
17 二十	**18** 雨水	**19** 廿二	**20** 廿三	**21** 廿四	**22** 廿五	**23** 廿六
24 廿七	**25** 廿八	**26** 廿九	**27** 三十	**28** 二月		

元日

〔宋〕王安石

爆竹声中一岁除，
春风送暖入屠苏。
千门万户曈曈日，
总把新桃换旧符。

拜年

Thur. **星期四** / **30**
乙巳年正月初二

Fri. **星期五** / **31**
乙巳年正月初三

Sat. **星期六** / **1**
乙巳年正月初四

Sun. **星期日** / **2**
乙巳年正月初五

二十四节气（一）

第 6 周

Mon. **星期一** / **3**
乙巳年正月初六

◆立春◆

Tues. **星期二** / **4**
乙巳年正月初七

Wed. **星期三** / **5**
乙巳年正月初八

立春

乙巳年 蛇年 正月初六
春季的第一个节气

天净沙·春
〔元〕白朴

春山暖日和风，
阑干楼阁帘栊，
杨柳秋千院中。
啼莺舞燕，
小桥流水飞红。

迎春喽

一年之计在于春

■ 立春一年端 ■

　　立春是二十四节气之首。立，是"开始"之意。立春乃万物起始、一切更生之义也，意味着新的一个轮回已开启。立春后气温逐步回升，有民谚曰："吃了立春饭，一天暖一天。"

立春偶成

〔宋〕张栻

律回岁晚冰霜少，
春到人间草木知。
便觉眼前生意满，
东风吹水绿参差。

Thur. **星期四** / **6**
乙巳年正月初九

Fri. **星期五** / **7**
乙巳年正月初十

Sat. **星期六** / **8**
乙巳年正月十一

Sun. **星期日** / **9**
乙巳年正月十二

元宵节

第 7 周

Mon. **星期一** / **10**
乙巳年正月十三

Tues. **星期二** / **11**
乙巳年正月十四

Wed. **星期三** / **12**
乙巳年正月十五

• 元宵节 •

生查子·元夕

〔宋〕 欧阳修

去年元夜时，花市灯如昼。
月上柳梢头，人约黄昏后。
今年元夜时，月与灯依旧。
不见去年人，泪湿春衫袖。

Thur. **星期四** / **13**
乙巳年正月十六

Fri. **星期五** / **14**
乙巳年正月十七
◆情人节◆

Sat. **星期六** / **15**
乙巳年正月十八

Sun. **星期日** / **16**
乙巳年正月十九

京剧脸谱

第 8 周

Mon. **星期一** / **17**
乙巳年正月二十

Tues. **星期二** / **18**
乙巳年正月廿一

◆雨水◆

Wed. **星期三** / **19**
乙巳年正月廿二

雨水

春雨贵如油

乙巳年　蛇年　正月廿一
春季的第二个节气

早春呈水部
张十八员外·其一
〔唐〕韩愈

天街小雨润如酥，
草色遥看近却无。
最是一年春好处，
绝胜烟柳满皇都。

好雨知时节，
当春乃发生。

■ 七九河开，八九雁来 ■

春天离不开雨水的滋润，春雨贵如油，润物细无声。雨水使种子发芽，使枯木逢春。雨水节气不仅表明降雨的开始，而且表明气温的升高。雨水后，春回大地，河水破冰，大雁北归，大地开始呈现一派欣欣向荣的景象。

京剧脸谱——孟良

和仲巽过古北口杨无敌庙

〔宋〕苏颂

汉家飞将领熊罴，
死战燕山护我师。
威信仇方名不灭，
至今奚虏奉遗祠。

Thur. **星期四** / **20**
乙巳年正月廿三

Fri. **星期五** / **21**
乙巳年正月廿四

Sat. **星期六** / **22**
乙巳年正月廿五

Sun. **星期日** / **23**
乙巳年正月廿六

百合花

第 9 周

Mon. **星期一** / **24**
乙巳年正月廿七

Tues. **星期二** / **25**
乙巳年正月廿八

Wed. **星期三** / **26**
乙巳年正月廿九

2025

三月

本月计划

March

文文

　　来自山海学院，山海小队成员。身形灵活，是擅长随机应变的"侦察兵"，问路探险可少不了他。山海小队凭借文文的飞行能力和隐身能力解决了不少难题。

星期一	星期二	星期三	星期四	星期五	星期六	星期日
					1 龙抬头	**2** 初三
3 初四	**4** 初五	**5** 惊蛰	**6** 初七	**7** 初八	**8** 妇女节	**9** 初十
10 十一	**11** 十二	**12** 植树节	**13** 十四	**14** 十五	**15** 消费者权益日	**16** 十七
17 十八	**18** 十九	**19** 二十	**20** 春分	**21** 廿二	**22** 廿三	**23** 廿四
24 廿五	**25** 廿六	**26** 廿七	**27** 廿八	**28** 廿九	**29** 三月	**30** 初二
31 上巳节						

堂前种山丹，

错落马脑盘。

五〇

—— 苏轼《次韵子由所居六咏》

山丹即百合花。

Thur. **星期四** / **27**
乙巳年正月三十

Fri. **星期五** / **28**
乙巳年二月初一

Sat. **星期六** / **1**
乙巳年二月初二

◆ 龙抬头 ◆

Sun. **星期日** / **2**
乙巳年二月初三

民间传说——梁山伯与祝英台

第 10 周

Mon. **星期一** / **3**
乙巳年二月初四 /

Tues. **星期二** / **4**
乙巳年二月初五 /

Wed. **星期三** / **5**
乙巳年二月初六 /
◆ 惊蛰 ◆

惊蛰

乙巳年　蛇年　二月初六
春季的第三个节气

惊蛰二月节

〔唐〕元稹

阳气初惊蛰，
韶光大地周。
桃花开蜀锦，
鹰老化春鸠。
时候争催迫，
萌芽互矩修。
人间务生事，
耕种满田畴。

打雷啦

微雨众卉新，
一雷惊蛰始。

Mar.

三月

■ 春雷响，万物长 ■

　　惊蛰在历史上也曾被称为"启蛰"，这时天气转暖，春雷乍动，惊醒蛰伏于地下越冬的蛇虫等。惊蛰节气的标志性特征是春雷萌动，万物复苏，生机盎然。有民谚曰："到了惊蛰节，锄头不停歇。"惊蛰后，中国大部分地区进入春耕大忙季节。

荆南竹枝词·咏梁祝

〔清〕史承豫

读书人去剩荒台，
岁岁春风长野苔。
山上桃花红似火，
一双蝴蝶又飞来。

Thur. **星期四** / **6**
乙巳年二月初七

Fri. **星期五** / **7**
乙巳年二月初八

Sat. **星期六** / **8**
乙巳年二月初九

◆妇女节◆

Sun. **星期日** / **9**
乙巳年二月初十

植树节

第 11 周

Mon. **星期一** / *10*
乙巳年二月十一

Tues. **星期二** / *11*
乙巳年二月十二

Wed. **星期三** / *12*
乙巳年二月十三

◆ 植树节 ◆

春莩新居（节选）

〔唐〕白居易

江州司马日，忠州刺史时。
栽松满后院，种柳荫前墀。
彼皆非吾土，栽种尚忘疲。
况兹是我宅，莩艺固其宜。

Thur. **星期四** / **13**
乙巳年二月十四

Fri. **星期五** / **14**
乙巳年二月十五

Sat. **星期六** / **15**
乙巳年二月十六

◆ *消费者权益日* ◆

Sun. **星期日** / **16**
乙巳年二月十七

奔马

第 12 周

Mon. **星期一** / *17*
乙巳年二月十八

Mar.

三月

Tues. **星期二** / *18*
乙巳年二月十九

Wed. **星期三** / *19*
乙巳年二月二十

将进酒（节选）

〔唐〕李白

五花马，千金裘，
呼儿将出换美酒，
与尔同销万古愁。

Thur. **星期四** / **20**
乙巳年二月廿一
◆ 春分 ◆

Fri. **星期五** / **21**
乙巳年二月廿二

Sat. **星期六** / **22**
乙巳年二月廿三

Sun. **星期日** / **23**
乙巳年二月廿四

春分

放风筝

乙巳年 蛇年 二月廿一
春季的第四个节气

春分
佚名

日月阳阴两均天，
玄鸟不辞桃花寒。
从来今日竖鸡子，
川上良人放纸鸢。

春分雨脚落声微，
柳岸斜风带客归。

■ 春分秋分，昼夜平分 ■

　　春分的意义，一是指一天中白天与黑夜平分，各为十二个小时；二是古时以立春至立夏为春季，春分正当春季三个月之中，平分了春季。有民谚曰："吃了春分饭，一天长一线。"春分时节，中国民间有放风筝、吃春菜、立蛋等风俗。

水乡古镇

第 13 周

三月

Mon. **星期一** / **24**
乙巳年二月廿五

Tues. **星期二** / **25**
乙巳年二月廿六

Wed. **星期三** / **26**
乙巳年二月廿七

渔歌子

〔唐〕张志和

西塞山前白鹭飞，
桃花流水鳜鱼肥。
青箬笠，绿蓑衣，
斜风细雨不须归。

Thur. **星期四** / **27**
乙巳年二月廿八

Fri. **星期五** / **28**
乙巳年二月廿九

Sat. **星期六** / **29**
乙巳年三月初一

Sun. **星期日** / **30**
乙巳年三月初二

2025

四月

本月计划

白泽

　　来自山海学院，山海小队成员。沉着冷静，聪明智慧，有出色的领导能力，关键时刻勇于站出来，找到办法化解危机。

April

星期一	星期二	星期三	星期四	星期五	星期六	星期日
		1 初四	**2** 初五	**3** 寒食节	**4** 清明	**5** 初八
						6 初九
7 初十	**8** 十一	**9** 十二	**10** 十三	**11** 十四	**12** 十五	**13** 十六
14 十七	**15** 十八	**16** 十九	**17** 二十	**18** 廿一	**19** 廿二	**20** 谷雨
21 廿四	**22** 廿五	**23** 世界读书日	**24** 廿七	**25** 廿八	**26** 廿九	**27** 三十
28 四月	**29** 初二	**30** 初三				

清明节

第 14 周

Mon. **星期一** / *31*
乙巳年三月初三 /
◆ 上巳节 ◆

Tues. **星期二** / *1*
乙巳年三月初四 /

Wed. **星期三** / *2*
乙巳年三月初五 /

清明夜

〔唐〕白居易

好风胧月清明夜，
碧砌红轩刺史家。
独绕回廊行复歇，
遥听弦管暗看花。

Thur. **星期四** / **3**
乙巳年三月初六

◆寒食节◆

Fri. **星期五** / **4**
乙巳年三月初七

◆清明◆

Sat. **星期六** / **5**
乙巳年三月初八

Sun. **星期日** / **6**
乙巳年三月初九

清明

乙巳年 蛇年 三月初七
春季的第五个节气

清明
〔唐〕杜牧

清明时节雨纷纷，
路上行人欲断魂。
借问酒家何处有？
牧童遥指杏花村。

雨纷纷

斜日小楼新燕子，
清明风景好思量。

■ 气清景明，万物皆显 ■

　　清明节气与岁时物候相关，有天朗气清、万物皆宜之意。清明兼具自然与人文两大内涵，既是自然节气，也是传统节日。清明节的节俗丰富，扫墓祭祖与踏青郊游是清明节的两大礼俗主题。

牡丹

第 15 周

赏牡丹

〔唐〕刘禹锡

庭前芍药妖无格，
池上芙蕖净少情。
唯有牡丹真国色，
花开时节动京城。

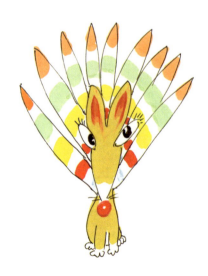

Thur. **星期四** / **10**
乙巳年三月十三

Fri. **星期五** / **11**
乙巳年三月十四

Sat. **星期六** / **12**
乙巳年三月十五

Sun. **星期日** / **13**
乙巳年三月十六

风筝

第 16 周

Mon. **星期一** / **14**
乙巳年三月十七

Tues. **星期二** / **15**
乙巳年三月十八

Wed. **星期三** / **16**
乙巳年三月十九

纸鹞

〔宋〕宋伯仁

八六

弄假如真舞碧空，
吹嘘全在一丝风。
唯惭尺五天将近，
犹在儿童掌握中。

Thur. 星期四 **/17**
乙巳年三月二十

Fri. 星期五 **/18**
乙巳年三月廿一

Sat. 星期六 **/19**
乙巳年三月廿二

Sun. 星期日 **/20**
乙巳年三月廿三

• 谷雨 •

谷雨

好多雨

乙巳年　蛇年　三月廿三
春季的最后一个节气

阳羡杂咏
十九首·茗坡
〔唐〕陆希声

二月山家谷雨天，
半坡芳茗露华鲜。
春醒酒病兼消渴，
惜取新芽旋摘煎。

■ 雨生百谷，清净明洁 ■

谷雨，谷得雨而生也。谷雨取自"雨生百谷"之意，此时降水明显增加，田中的秧苗初插、作物新种，最需要雨水的滋润，降雨量充足而及时，谷类作物才能茁壮成长。谷雨节气有喝茶的习俗，谷雨茶就是谷雨时节采制的春茶，传说喝谷雨茶可清火、明目。

金鱼

第 17 周

Mon. **星期一** / *21*
乙巳年三月廿四

Apr.

四月

Tues. **星期二** / *22*
乙巳年三月廿五

Wed. **星期三** / *23*
乙巳年三月廿六

◆ 世界读书日 ◆

——— ◆ 九一 ◆ ———

玉泉寺金鱼

〔宋〕宋伯仁

金鳞韬隐已多时，
寺壁重泥又有诗。
龙若久怀霖雨志，
不应蟠屈小方池。

Thur. **星期四** / **24**
乙巳年三月廿七

Fri. **星期五** / **25**
乙巳年三月廿八

Sat. **星期六** / **26**
乙巳年三月廿九

Sun. **星期日** / **27**
乙巳年三月三十

历代名楼

第 18 周

Mon. **星期一** / **28**
乙巳年四月初一

Tues. **星期二** / **29**
乙巳年四月初二

Wed. **星期三** / **30**
乙巳年四月初三

五月

本月计划

May

帝 江

　　来自山海学院，山海小队成员。善良可爱，心胸豁达，纯真的"小吃货"，小队的"团宠"，少了他，山海小队就少了气氛担当。

星期一	星期二	星期三	星期四	星期五	星期六	星期日
			1 劳动节	**2** 初五	**3** 初六	**4** 五四青年节
5 立夏	**6** 初九	**7** 初十	**8** 十一	**9** 十二	**10** 十三	**11** 母亲节
12 十五	**13** 十六	**14** 十七	**15** 十八	**16** 十九	**17** 二十	**18** 廿一
19 廿二	**20** 廿三	**21** 小满	**22** 廿五	**23** 廿六	**24** 廿七	**25** 廿八
26 廿九	**27** 五月	**28** 初二	**29** 初三	**30** 初四	**31** 端午节	

岳阳楼记

〔宋〕范仲淹

庆历四年春，滕子京谪守巴陵郡。越明年，政通人和，百废具兴，乃重修岳阳楼，增其旧制，刻唐贤今人诗赋于其上，属予作文以记之。

予观夫巴陵胜状，在洞庭一湖。衔远山，吞长江，浩浩汤汤，横无际涯，朝晖夕阴，气象万千。此则岳阳楼之大观也，前人之述备矣。然则北通巫峡，南极潇湘，迁客骚人，多会于此，览物之情，得无异乎？

若夫淫雨霏霏，连月不开，阴风怒号，浊浪排空，日星隐曜，山岳潜形，商旅不行，樯倾楫摧，薄暮冥冥，虎啸猿啼。登斯楼也，则有去国怀乡，忧谗畏讥，满目萧然，感极而悲者矣。

至若春和景明，波澜不惊，上下天光，一碧万顷，沙鸥翔集，锦鳞游泳，岸芷汀兰，郁郁青青。而或长烟一空，皓月千里，浮光跃金，静影沉璧，渔歌互答，此乐何极！登斯楼也，则有心旷神怡，宠辱偕忘，把酒临风，其喜洋洋者矣。

嗟夫！予尝求古仁人之心，或异二者之为。何哉？不以物喜，不以己悲，居庙堂之高则忧其民，处江湖之远则忧其君。是进亦忧，退亦忧。然则何时而乐耶？其必曰"先天下之忧而忧，后天下之乐而乐"乎！噫！微斯人，吾谁与归？时六年九月十五日。

Thur. **星期四** / *1*
乙巳年四月初四

◆ 劳动节 ◆

Fri. **星期五** / *2*
乙巳年四月初五

五月

Sat. **星期六** / *3*
乙巳年四月初六

Sun. **星期日** / *4*
乙巳年四月初七

◆ 五四青年节 ◆

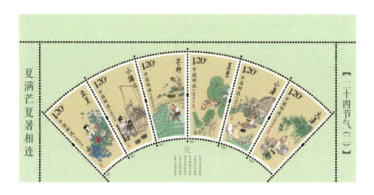

二十四节气（二）

第 19 周

May.

五月

立夏

乙巳年 蛇年 四月初八

夏季的第一个节气

客中初夏

〔宋〕司马光

四月清和雨乍晴，
南山当户转分明。
更无柳絮因风起，
惟有葵花向日倾。

春尽日

夏早日初长，
南风草木香。

May.

五月

■ 春争日，夏争时 ■

　　立夏表示告别春天，是夏天的开始，因此又称"春尽日"。立夏后，
日照增加，逐渐升温，雷雨增多。立夏是标志万物进入生长旺季的
一个重要节气，自此风暖昼长，万物繁茂。夏收作物也进入生长后期，
年景基本定局，故农谚有"立夏看夏"之说。

感恩母亲

游子吟

〔唐〕孟郊

慈母手中线，游子身上衣。
临行密密缝，意恐迟迟归。
谁言寸草心，报得三春晖。

Thur. **星期四** / **8**
乙巳年四月十一

Fri. **星期五** / **9**
乙巳年四月十二

Sat. **星期六** / **10**
乙巳年四月十三

Sun. **星期日** / **11**
乙巳年四月十四

• 母亲节 •

辽代彩塑

山西大同下华严寺

全国重点文物保护单位之一的山西省大同市下华严寺海伽教藏殿，始建于辽代重熙七年（公元一〇三八年），距今已有九百多年的历史，殿内保存完好的三十一尊辽代彩塑，或立、或坐、或跪，身态优美，容貌丰满，或刚，或柔，衣饰飘带流畅自然，塑法罕见，是国内辽塑中少见的佳品。

辽代彩塑

第 20 周

Mon. **星期一** / **12**
乙巳年四月十五

Tues. **星期二** / **13**
乙巳年四月十六

Wed. **星期三** / **14**
乙巳年四月十七

怀古

〔辽〕萧观音

宫中只数赵家妆，
败雨残云误汉王。
惟有知情一片月，
曾窥飞燕入昭阳。

Thur. **星期四** / **15**
乙巳年四月十八

Fri. **星期五** / **16**
乙巳年四月十九

May.

五月

Sat. **星期六** / **17**
乙巳年四月二十

Sun. **星期日** / **18**
乙巳年四月廿一

国家重点保护野生动物（Ⅰ级）

第 21 周

Mon. **星期一** / **19**
乙巳年四月廿二

Tues. **星期二** / **20**
乙巳年四月廿三

Wed. **星期三** / **21**
乙巳年四月廿四

◆ 小满 ◆

一二

小满
小满

小满

[宋] 欧阳修

夜莺啼绿柳，

皓月醒长空。

最爱垄头麦，

迎风笑落红。

乙巳年　蛇年　四月廿四

夏季的第二个节气

送走三春雪，
迎来五月天。

■ 小满小满，江河渐满 ■

　　小满之名有两层含义。第一，与降水有关。小满节气期间南方的暴雨开始增多，降水频繁，小满中的"满"，指雨水之盈。第二，与小麦有关。小满节气期间北方地区降雨较少甚至无雨，这个"满"不是指降水，而是指小麦的饱满程度。

猛虎行

〔唐〕齐己

磨尔牙，错尔爪，
狐莫威，兔莫狡，
饥来吞噬取肠饱。
横行不怕日月明，
皇天产尔为生狞。
前村半夜闻吼声，
何人按剑灯荧荧。

Thur. **星期四** / **22**
乙巳年四月廿五

Fri. **星期五** / **23**
乙巳年四月廿六

Sat. **星期六** / **24**
乙巳年四月廿七

Sun. **星期日** / **25**
乙巳年四月廿八

端午节

第 22 周

Mon. **星期一** / **26**
乙巳年四月廿九

Tues. **星期二** / **27**
乙巳年五月初一

Wed. **星期三** / **28**
乙巳年五月初二

端午

〔唐〕文秀

节分端午自谁言，
万古传闻为屈原。
堪笑楚江空渺渺，
不能洗得直臣冤。

Thur. **星期四** / **29**
乙巳年五月初三

Fri. **星期五** / **30**
乙巳年五月初四

May. 五月

Sat. **星期六** / **31**
乙巳年五月初五

◆端午节◆

Sun. **星期日** / **1**
乙巳年五月初六

◆儿童节◆

2025

六月

本月计划

June

星期一	星期二	星期三	星期四	星期五	星期六	星期日
						1 儿童节
2 初七	**3** 初八	**4** 初九	**5** 芒种	**6** 十一	**7** 十二	**8** 十三
9 十四	**10** 十五	**11** 十六	**12** 十七	**13** 十八	**14** 十九	**15** 父亲节
16 廿一	**17** 廿二	**18** 廿三	**19** 廿四	**20** 廿五	**21** 夏至	**22** 廿七
23 廿八	**24** 廿九	**25** 六月	**26** 初二	**27** 初三	**28** 初四	**29** 初五
30 初六						

司马光砸缸

第 23 周

Mon. **星期一** / **2**
乙巳年五月初七

Tues. **星期二** / **3**
乙巳年五月初八

Wed. **星期三** / **4**
乙巳年五月初九

夏日西斋书事

〔宋〕司马光

榴花映叶未全开，
槐影沉沉雨势来。
小院地偏人不到，
满庭鸟迹印苍苔。

Thur. **星期四** / **5**
乙巳年五月初十

◆ 芒种 ◆

Fri. **星期五** / **6**
乙巳年五月十一

Jun
六月

Sat. **星期六** / **7**
乙巳年五月十二

Sun. **星期日** / **8**
乙巳年五月十三

芒种

乙巳年 蛇年 五月初十
夏季的第三个节气

梅雨五绝·其二

[宋]范成大

乙酉甲申雷雨惊，
乘除却贺芒种晴。
插秧先插蚤籼稻，
少忍数旬蒸米成。

忙啊忙

时雨及芒种，
四野皆插秧。

■ 芒种不种，再种无用 ■

"芒种"的意思是"有芒之谷类作物可种，过此即失效"。农事耕种以芒种节气为界，过此之后种植成活率就越来越低。民间也称其为"忙种"，有民谚曰："芒种忙，下晚秧。"这时南方地区人们忙着插秧种稻，北方地区人们则忙着收获麦子。

感恩父亲

第 24 周

Tues. **星期二** / *10*
乙巳年五月十五

Jun

六月

Wed. **星期三** / *11*
乙巳年五月十六

莫如吟·其一

〔宋〕邵雍

亲莫如父子，
远莫如蛮夷。
蛮夷和亦至，
父子失须离。

Thur. **星期四** / **12**
乙巳年五月十七 /

Fri. **星期五** / **13**
乙巳年五月十八 /

Sat. **星期六** / **14**
乙巳年五月十九 /

Sun. **星期日** / **15**
乙巳年五月二十 /

• 父亲节 •

大连海滨风光

第 25 周

Jun

六月

观沧海

〔汉〕曹操

东临碣石，以观沧海。
水何澹澹，山岛竦峙。
树木丛生，百草丰茂。
秋风萧瑟，洪波涌起。
日月之行，若出其中。
星汉灿烂，若出其里。
幸甚至哉，歌以咏志。

Thur. **星期四** / *19*
乙巳年五月廿四

Fri. **星期五** / *20*
乙巳年五月廿五

Jun

六月

Sat. **星期六** / *21*
乙巳年五月廿六

• 夏至 •

Sun. **星期日** / *22*
乙巳年五月廿七

夏至

乙巳年 蛇年 五月廿六
夏季的第四个节气

小池

〔宋〕杨万里

泉眼无声惜细流，
树阴照水爱晴柔。
小荷才露尖尖角，
早有蜻蜓立上头。

要吃面

昼晷已云极，
宵漏自此长。

六月

■ 日长长到夏至，日短短到冬至 ■

夏至这天，太阳几乎直射北回归线，北半球各地的白昼时间达到全年最长。过了夏至，北半球各地的白昼时间开始逐渐变短，民间有"吃过夏至面，一天短一线"的说法。夏至后的天气特点是气温高、湿度大、不时出现雷阵雨，人们普遍会饮用清补凉汤、凉茶、酸梅汤等来消暑。

荷花

第 26 周

Mon. **星期一**
乙巳年五月廿八 / **23**

Tues. **星期二**
乙巳年五月廿九 / **24**

Wed. **星期三**
乙巳年六月初一 / **25**

采莲曲·其二

〔唐〕王昌龄

荷叶罗裙一色裁，
芙蓉向脸两边开。
乱入池中看不见，
闻歌始觉有人来。

Thur. **星期四** / **26**
乙巳年六月初二

Fri. **星期五** / **27**
乙巳年六月初三

Sat. **星期六** / **28**
乙巳年六月初四

Sun. **星期日** / **29**
乙巳年六月初五

2025

七月

本月计划

July

星期一	星期二	星期三	星期四	星期五	星期六	星期日
	1 建党纪念日	**2** 初八	**3** 初九	**4** 初十	**5** 十一	**6** 十二
7 小暑	**8** 十四	**9** 十五	**10** 十六	**11** 十七	**12** 十八	**13** 十九
14 二十	**15** 廿一	**16** 廿二	**17** 廿三	**18** 廿四	**19** 廿五	**20** 廿六
21 廿七	**22** 大暑	**23** 廿九	**24** 三十	**25** 闰六月	**26** 初二	**27** 初三
28 初四	**29** 初五	**30** 初六	**31** 初七			

八仙过海

第 27 周

忆江南

瑶池上，瑞雾霭群仙。
素练金童锵凤板，青衣玉女啸鸾弦，
身在大罗天。
沉醉处，缥渺玉京山。
唱彻步虚清燕罢，不知今夕是何年，
海水又桑田。

Jul.

七月

徐霞客诞生四百周年纪念

第 28 周

Mon. **星期一**
乙巳年六月十三

7

♦小暑♦

Tues. **星期二**
乙巳年六月十四

8

Jul.

七
月

Wed. **星期三**
乙巳年六月十五

9

小暑

热在三伏

乙巳年 蛇年 六月十三
夏季的第五个节气

喜夏

〔金〕庞铸

小暑不足畏，
深居如退藏。
青奴初荐枕，
黄奶亦升堂。
鸟语竹阴密，
雨声荷叶香。
晚窗无一事，
步屧到西厢。

倏忽温风至，
因循小暑来。

■ 小暑大暑，上蒸下煮 ■

　　暑，是炎热的意思，小暑为小热，还不十分热，但紧接着就是一年中最热的节气——大暑。中国多地自小暑起进入雷暴最多的时节，不仅阳光猛烈，而且高温、潮湿、多雨，所有的风中都带着热浪。有民谚："小暑过，一日热三分。"

庐山谣寄卢侍御虚舟（节选）

〔唐〕李白

我本楚狂人，凤歌笑孔丘。
手持绿玉杖，朝别黄鹤楼。
五岳寻仙不辞远，一生好入名山游。

Jul.

七月

君子兰

第 29 周

Mon. **星期一** / **14**
乙巳年六月二十

Tues. **星期二** / **15**
乙巳年六月廿一

Jul.

七月

Wed. **星期三** / **16**
乙巳年六月廿二

紫薇花

〔唐〕杜牧

晓迎秋露一枝新，
不占园中最上春。
桃李无言又何在，
向风偏笑艳阳人。

Thur. **星期四** / **17**
乙巳年六月廿三

Fri. **星期五** / **18**
乙巳年六月廿四

Sat. **星期六** / **19**
乙巳年六月廿五

Jul.

七月

Sun. **星期日** / **20**
乙巳年六月廿六

故宫博物院建院六十周年

第 30 周

Jul.

七月

大暑

乙巳年 蛇年 六月廿八
夏季的最后一个节气

大暑
〔宋〕曾几

赤日几时过，
清风无处寻。
经书聊枕藉，
瓜李漫浮沉。
兰若静复静，
茅茨深又深。
炎蒸乃如许，
那更惜分阴。

好热啊

荷阴斜合翠，
莲影对分红。

■ 大暑热，秋后凉 ■

　　大暑相对小暑而言，天气更加炎热。大暑节气正值"三伏天"里的"中伏"前后，是一年中阳光最猛烈、天气最炎热的节气，也是雷阵雨最多的时节，雨量充沛，"湿热交蒸"在此时到达顶点，不免有湿热难熬之苦。然而，到了大暑后期，可能有一场瓢泼大雨消退持续的高温，立秋也就不远了。

踏歌词四首·其二

〔唐〕刘禹锡

桃蹊柳陌好经过，
灯下妆成月下歌。
为是襄王故宫地，
至今犹自细腰多。

Thur. **星期四** / **24**
乙巳年六月三十

Fri. **星期五** / **25**
乙巳年闰六月初一

Sat. **星期六** / **26**
乙巳年闰六月初二

Jul

七月

Sun. **星期日** / **27**
乙巳年闰六月初三

楠溪江

第 31 周

Mon. **星期一**
乙巳年闰六月初四 / **28**

Tues. **星期二**
乙巳年闰六月初五 / **29**

Wed. **星期三**
乙巳年闰六月初六 / **30**

Jul.

七月

2025

八月

本月计划

August

星期一	星期二	星期三	星期四	星期五	星期六	星期日
				1 建军节	**2** 初九	**3** 初十
4 十一	**5** 十二	**6** 十三	**7** 立秋	**8** 十五	**9** 十六	**10** 十七
11 十八	**12** 十九	**13** 二十	**14** 廿一	**15** 廿二	**16** 廿三	**17** 廿四
18 廿五	**19** 廿六	**20** 廿七	**21** 廿八	**22** 廿九	**23** 处暑	**24** 初二
25 初三	**26** 初四	**27** 初五	**28** 初六	**29** 七夕节	**30** 初八	**31** 初九

入南溪

〔宋〕潘希白

沙头落月照蓬低，
杜宇谁家树底啼。
舟子不知人未起，
载将残梦上青溪。

Thur. **星期四** / **31**
乙巳年闰六月初七

Fri. **星期五** / **1**
乙巳年闰六月初八
◆建军节◆

Sat. **星期六** / **2**
乙巳年闰六月初九

Sun. **星期日** / **3**
乙巳年闰六月初十

二十四节气（三）

第 32 周

Aug.

八
月

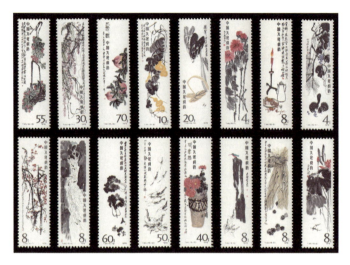

齐白石作品选

题灯鼠

齐白石

昨夜床前点灯早，
待我解衣来睡倒。
寒门只打一钱油，
那能供得鼠子饱？
值有猫儿悄悄来，
已经油尽灯枯了。

七

Thur. **星期四** / **7**
乙巳年闰六月十四

◆ 立秋 ◆

Fri. **星期五** / **8**
乙巳年闰六月十五

Sat. **星期六** / **9**
乙巳年闰六月十六

Aug.

八月

Sun. **星期日** / **10**
乙巳年闰六月十七

立秋

秋怀四首·其二

[宋]陆游

园丁傍架摘黄瓜，
村女沿篱采碧花。
城市尚余三伏热，
秋光先到野人家。

乙巳年 蛇年 闰六月十四
秋季的第一个节气

贴秋膘

睡起秋声无觅处，
满阶梧叶月明中。

■ 立秋反比大暑热，中午前后似烤火 ■

　　立秋是秋季的起始，意味着炎热的夏季即将过去，秋季就要来临。当立秋到来时，我国很多地方仍然处在炎热的天气之中。立秋后虽然一时暑气难消，还有"秋老虎"的余威，但天气总的趋势是逐渐凉爽。秋天是禾谷成熟、收获的季节，民间立秋有"贴秋膘""咬秋"等习俗。

西游记

第 33 周

杨柳青

〔明〕吴承恩

村旗夸酒莲花白，津鼓开帆杨柳青。
壮岁惊心频客路，故乡回首几长亭。
春深水涨嘉鱼味，海近风多健鹤翎。
谁向高楼横玉笛，落梅愁绝醉中听。

Thur. **星期四** / **14**
乙巳年闰六月廿一

Fri. **星期五** **15**
乙巳年闰六月廿二

Sat. **星期六** **16**
乙巳年闰六月廿三

Aug.

八月

Sun. **星期日** **17**
乙巳年闰六月廿四

东北虎

第 34 周

Aug.

八
月

和张仆射塞下曲·其二

〔唐〕卢纶

林暗草惊风，
将军夜引弓。
平明寻白羽，
没在石棱中。

Aug.

八月

处暑

乙巳年 蛇年 七月初一
秋季的第二个节气

处暑后风雨

〔元〕仇远

疾风驱急雨，
残暑扫除空。
因识炎凉态，
都来顷刻中。
纸窗嫌有隙，
纨扇笑无功。
儿读秋声赋，
令人忆醉翁。

秋老虎

离离暑云散，袅袅凉风起。

■ 处暑天还暑，好似秋老虎 ■

　　处暑，意即"出暑"，意味着酷热难熬的天气到了尾声，暑热开始消退。暑热消退是一个缓慢的过程，并不是马上就凉爽了，真正开始有凉意一般要到白露之后。处暑节气后，中国大部分地区林果和农作物很快要收获了，有民谚曰："处暑满地黄，家家修廪仓。"

8

金鸡

第 35 周

Aug.

八月

阎立本职贡图

〔宋〕苏轼

贞观之德来万邦，
浩如沧海吞河江，
音容伧狞服奇庞。
横绝岭海逾涛泷，
珍禽瑰产争牵扛，
名王解辫却盖幢。
粉本遗墨开明窗，
我嗒而作心未降，
魏徵封伦恨不双。

Thur. **星期四**
乙巳年七月初六 / **28**

Fri. **星期五**
乙巳年七月初七 / **29**

◆ 七夕节 ◆

Sat. **星期六**
乙巳年七月初八 / **30**

Sun. **星期日**
乙巳年七月初九 / **31**

Aug.

八月

2025

九月

本月计划

September

星期一	星期二	星期三	星期四	星期五	星期六	星期日
1 初十	**2** 十一	**3** 十二	**4** 十三	**5** 十四	**6** 中元节	**7** 白露
8 十七	**9** 十八	**10** 教师节	**11** 二十	**12** 廿一	**13** 廿二	**14** 廿三
15 廿四	**16** 廿五	**17** 廿六	**18** 廿七	**19** 廿八	**20** 廿九	**21** 三十
22 八月	**23** 秋分	**24** 初三	**25** 初四	**26** 初五	**27** 初六	**28** 初七
29 初八	**30** 初九					

万里长城

第 36 周

Mon. **星期一**
乙巳年七月初十 / *1*

Tues. **星期二**
乙巳年七月十一 / *2*

Wed. **星期三**
乙巳年七月十二 / *3*

Sep

九月

咏长城

〔唐〕汪遵

秦筑长城比铁牢，
蕃戎不敢过临洮。
虽然万里连云际，
争及尧阶三尺高。

Thur. **星期四**
乙巳年七月十三 / **4**

Fri. **星期五**
乙巳年七月十四 / **5**

Sat. **星期六**
乙巳年七月十五 / **6**
◆中元节◆

Sep.

Sun. **星期日**
乙巳年七月十六 / **7**
◆白露◆

九月

白露

乙巳年 蛇年 七月十六
秋季的第三个节气

白露

〔清〕屈大均

白露纷纷如雨，
林深落落有声。
蝶沾裙绣湿，
花濯粉光明。

秋露生

道狭草木长，夕露沾我衣。

■ 白露秋风夜，一夜凉一夜 ■

白露是反映自然界寒气增长的重要节气，代表暑热的结束。进入白露节气后，夏季风逐渐被冬季风代替，冷空气南下频繁，暑天的闷热基本结束了，天气渐渐转凉，寒生露凝。白露之后，秋高气爽，丹桂飘香，对气候最为敏感的候鸟集体迁徙，鸿雁开始从北方飞到南方，各类鸟儿都开始储食御冬。

民间传说——刘三姐（小本票）

第 37 周

Sep

九月

梦游天姥吟留别（节选）

〔唐〕李白

且放白鹿青崖间，
须行即骑访名山。
安能摧眉折腰事权贵，
使我不得开心颜！

Thur. **星期四** / **11**
乙巳年七月二十

Fri. **星期五** / **12**
乙巳年七月廿一

Sat. **星期六** / **13**
乙巳年七月廿二

Sun. **星期日** / **14**
乙巳年七月廿三

Sep.

九月

西厢记（一）

第 38 周

Mon. **星期一** / **15**
乙巳年七月廿四

Tues. **星期二** / **16**
乙巳年七月廿五

Wed. **星期三** / **17**
乙巳年七月廿六

Sep.

九月

二〇三

西厢记（二）

待月西厢下，迎风户半开。
拂墙花影动，疑是玉人来。

——《西厢记》

Thur. **星期四** / **18**
乙巳年七月廿七

Fri. **星期五** / **19**
乙巳年七月廿八

Sat. **星期六** / **20**
乙巳年七月廿九

Sep.

九月

Sun. **星期日** / **21**
乙巳年七月三十

金丝猴

第 39 周

Mon. **星期一** /**22**
乙巳年八月初一

Tues. **星期二** /**23**
乙巳年八月初二

•秋分•

Wed. **星期三** /**24**
乙巳年八月初三

九月

• 二〇七 •

秋分

乙巳年 蛇年 八月初二
秋季的第四个节气

晚晴

〔唐〕杜甫

返照斜初彻，
浮云薄未归。
江虹明远饮，
峡雨落余飞。
凫雁终高去，
熊罴觉自肥。
秋分客尚在，
竹露夕微微。

三秋忙

秋分有雨来年丰

■ 春祭日，秋祭月 ■

秋分这天正好在秋季九十天的中间，有着"平分秋色"的意思，所以叫"秋分"。秋分曾是传统的"祭月节"，不过由于这天不一定都有圆月，后来就将"祭月节"由秋分调至农历八月十五，即现在的中秋节由传统的秋分"祭月节"而来。自 2018 年起，我国将每年秋分设立为"中国农民丰收节"，这是第一个在国家层面专门为农民设立的节日。

猿

〔唐〕杜甫

袅袅啼虚壁，萧萧挂冷枝。
艰难人不见，隐见尔如知。
惯习元从众，全生或用奇。
前林腾每及，父子莫相离。

Thur. **星期四** / **25**
乙巳年八月初四

Fri. **星期五** / **26**
乙巳年八月初五

Sat. **星期六** / **27**
乙巳年八月初六

Sun. **星期日** / **28**
乙巳年八月初七

本月计划

October

星期一	星期二	星期三	星期四	星期五	星期六	星期日
		1 国庆节	**2** 十一	**3** 十二	**4** 十三	**5** 十四
6 中秋节	**7** 十六	**8** 寒露	**9** 十八	**10** 十九	**11** 二十	**12** 廿一
13 廿二	**14** 廿三	**15** 廿四	**16** 廿五	**17** 廿六	**18** 廿七	**19** 廿八
20 廿九	**21** 九月	**22** 初二	**23** 霜降	**24** 初四	**25** 初五	**26** 初六
27 初七	**28** 初八	**29** 重阳节	**30** 初十	**31** 十一		

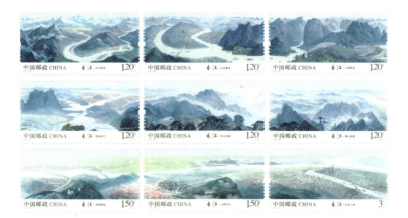

长江

Mon. **星期一**
乙巳年八月初八 / **29**

Tues. **星期二**
乙巳年八月初九 / **30**

Wed. **星期三**
乙巳年八月初十 / **1**

◆国庆节◆

Oct

十月

早发白帝城

〔唐〕李白

朝辞白帝彩云间，
千里江陵一日还。
两岸猿声啼不住，
轻舟已过万重山。

Thur. **星期四** / **2**
乙巳年八月十一

Fri. **星期五** / **3**
乙巳年八月十二

Sat. **星期六** / **4**
乙巳年八月十三

Oct.

十
月

Sun. **星期日** / **5**
乙巳年八月十四

中秋节

第 41 周

Mon. **星期一** / **6**
乙巳年八月十五

◆ 中秋节 ◆

Tues. **星期二** / **7**
乙巳年八月十六

Wed. **星期三** / **8**
乙巳年八月十七

◆ 寒露 ◆

Oct.

十月

寒露

败荷鹡鸰图

〔明〕唐寅

飞唤行摇类急难，
野田寒露欲成团。
莫言四海皆兄长，
骨肉而今冷眼看。

乙巳年 蛇年 八月十七
秋季的第五个节气

天冷喽

袅袅凉风动，
凄凄寒露零。

■ 寒露寒露，遍地冷露 ■

　　寒露节气后，日照减少，热气慢慢退去，寒气渐生，昼夜温差大，晨晚略感丝丝寒意。与白露相比，寒露节气气温下降了许多，露气寒冷，因而被称为"寒露"。在中国民间，有"露水先白而后寒"的谚语，其意为经过白露节气后，露水从初秋泛着一丝凉意转为深秋透着几分寒冷。

水调歌头

〔宋〕苏轼

丙辰中秋，欢饮达旦，大醉，作此篇，兼怀子由。

明月几时有？把酒问青天。不知天上宫阙，今夕是何年。我欲乘风归去，又恐琼楼玉宇，高处不胜寒。起舞弄清影，何似在人间。

转朱阁，低绮户，照无眠。不应有恨，何事长向别时圆？人有悲欢离合，月有阴晴圆缺，此事古难全。但愿人长久，千里共婵娟。

Thur. **星期四**
乙巳年八月十八 / **9**

Fri. **星期五**
乙巳年八月十九 / **10**

Sat. **星期六**
乙巳年八月二十 / **11**

Sun. **星期日**
乙巳年八月廿一 / **12**

民间传说——许仙与白娘子

第 42 周

Mon. **星期一** / **13**
乙巳年八月廿二

Tues. **星期二** / **14**
乙巳年八月廿三

Wed. **星期三** / **15**
乙巳年八月廿四

相思

〔唐〕王维

红豆生南国，
春来发几枝。
愿君多采撷，
此物最相思。

Thur. **星期四**
乙巳年八月廿五 / *16*

Fri. **星期五**
乙巳年八月廿六 / *17*

Sat. **星期六**
乙巳年八月廿七 / *18*

Oct.

Sun. **星期日**
乙巳年八月廿八 / *19*

十月

泰山

第 43 周

Mon. **星期一**
乙巳年八月廿九 / **20**

Tues. **星期二**
乙巳年九月初一 / **21**

Wed. **星期三**
乙巳年九月初二 / **22**

Oct.

十月

望岳

〔唐〕杜甫

岱宗夫如何？齐鲁青未了。
造化钟神秀，阴阳割昏晓。
荡胸生曾云，决眦入归鸟。
会当凌绝顶，一览众山小。

Thur. **星期四**
乙巳年九月初三 / **23**

◆ 霜降 ◆

Fri. **星期五**
乙巳年九月初四 / **24**

Sat. **星期六**
乙巳年九月初五 / **25**

Sun. **星期日**
乙巳年九月初六 / **26**

霜降

乙巳年 蛇年 九月初三

秋季的最后一个节气

和陈述古拒霜花

〔宋〕苏轼

千林扫作一番黄，

只有芙蓉独自芳。

唤作拒霜知未称，

细思却是最宜霜。

红柿子

秋深山有骨，
霜降水无痕。

■ 浓霜猛太阳 ■

　　霜降表示气温骤降、昼夜温差大，基本上是一年之中昼夜温差最大的时节。霜降节气反映的是天气渐渐变冷的气候特征，并不是表示进入这个节气就会"降霜"。霜降节气主要有赏菊、吃柿子、登高远眺等风俗。

藏羚羊

第 44 周

2025

十一月

本月计划

November

星期一	星期二	星期三	星期四	星期五	星期六	星期日
					1 十二	2 十三
3 十四	4 十五	5 十六	6 十七	7 立冬	8 十九	9 二十
10 廿一	11 廿二	12 廿三	13 廿四	14 廿五	15 廿六	16 廿七
17 廿八	18 廿九	19 三十	20 十月	21 初二	22 小雪	23 初四
24 初五	25 初六	26 初七	27 初八	28 初九	29 初十	30 十一

病中诗十五首·卖骆马

〔唐〕白居易

五年花下醉骑行，
临卖回头嘶一声。
项籍顾骓犹解叹，
乐天别骆岂无情。

Thur. **星期四** **30**
乙巳年九月初十

Fri. **星期五** **31**
乙巳年九月十一

Sat. **星期六** **1**
乙巳年九月十二

Sun. **星期日** **2**
乙巳年九月十三

NOV

十一月

二十四节气（四）

第 45 周

Mon. **星期一**
乙巳年九月十四 / *3*

Tues. **星期二**
乙巳年九月十五 / *4*

Wed. **星期三**
乙巳年九月十六 / *5*

国家公园

观书有感·其一

〔宋〕朱熹

半亩方塘一鉴开，
天光云影共徘徊。
问渠那得清如许？
为有源头活水来。

Thur. **星期四**
乙巳年九月十七 / **6**

Fri. **星期五** / **7**
乙巳年九月十八

◆立冬◆

Sat. **星期六** / **8**
乙巳年九月十九

Sun. **星期日** / **9**
乙巳年九月二十

Nov.

十一月

立冬

〔明〕王稚登

秋风吹尽旧庭柯，
黄叶丹枫客里过。
一点禅灯半轮月，
今宵寒较昨宵多。

乙巳年 蛇年 九月十八
冬季的第一个节气

寒风起

大雪满初晨，
开门万象新。

■ 今冬麦盖三层被，来年枕着馒头睡 ■

冬，终也，万物收藏也。立冬与立春、立夏、立秋合称"四立"，都表示季节的开始，自古以来就被人们高度重视。春种、夏耘、秋收、冬藏，万物在春天萌生，在夏天滋长，在秋天收获，在冬天进入休藏状态。立冬后北方大部地区将出现雨雪降温天气，有民谚曰："立冬那天冷，一年冷气多。"

Nov.

十一月

黄河

第 46 周

Mon. **星期一**
乙巳年九月廿一 / **10**

Tues. **星期二**
乙巳年九月廿二 / **11**

Wed. **星期三**
乙巳年九月廿三 / **12**

Nov.
十一月

登鹳雀楼

〔唐〕王之涣

白日依山尽，
黄河入海流。
欲穷千里目，
更上一层楼。

Thur. **星期四**
乙巳年九月廿四 / *13*

Fri. **星期五**
乙巳年九月廿五 / *14*

Sat. **星期六**
乙巳年九月廿六 / *15*

Sun. **星期日**
乙巳年九月廿七 / *16*

Nov.

十一月

二五〇

黄山

第 47 周

灵蛇献瑞 2025

Mon. **星期一** / *17*
乙巳年九月廿八

Tues. **星期二** / *18*
乙巳年九月廿九

Wed. **星期三** / *19*
乙巳年九月三十

Nov.

十一月

赠从弟·其二

〔汉〕刘桢

亭亭山上松，瑟瑟谷中风。
风声一何盛，松枝一何劲。
冰霜正惨凄，终岁常端正。
岂不罹凝寒，松柏有本性。

Thur. **星期四** / **20**
乙巳年十月初一

Fri. **星期五** / **21**
乙巳年十月初二

Sat. **星期六** / **22**
乙巳年十月初三

◆ 小雪 ◆

Sun. **星期日** / **23**
乙巳年十月初四

Nov.

十一月

小雪

雨变雪

咏廿四气诗·
小雪十月中

〔唐〕元稹

莫怪虹无影，
如今小雪时。
阴阳依上下，
寒暑喜分离。
满月光天汉，
长风响树枝。
横琴对渌醑，
犹自敛愁眉。

乙巳年 蛇年 十月初三
冬季的第二个节气

小雪晴沙不作泥，
疏帘红日弄朝晖。

■ 小雪到来天渐寒 ■

　　小雪节气的气候特征是寒未深且降水未大，是反映气温与降水变化趋势的节气，并不是表示这个节气会下小雪。节气"小雪"与天气中的"小雪"没有必然联系，但小雪节气的到来，意味着天气会越来越冷、降水量渐增。有民谚曰："小雪封地，大雪封河。"

丹顶鹤

第 48 周

Mon. **星期一**
乙巳年十月初五 / **24**

Tues. **星期二**
乙巳年十月初六 / **25**

Wed. **星期三**
乙巳年十月初七 / **26**

Nov. 十一月

舞凤

〔宋〕宋徽宗

为爱婆娑态，
援毫拂素纨。
斜欺庭下凤，
轻逐鉴中鸾。

Thur. **星期四**
乙巳年十月初八 / **27**

Fri. **星期五**
乙巳年十月初九 / **28**

Sat. **星期六**
乙巳年十月初十 / **29**

Sun. **星期日**
乙巳年十月十一 / **30**

Nov.
十一月

2025

十二月

本月计划

December

星期一	星期二	星期三	星期四	星期五	星期六	星期日
1 十二	**2** 十三	**3** 十四	**4** 下元节	**5** 十六	**6** 十七	**7** 大雪
8 十九	**9** 二十	**10** 廿一	**11** 廿二	**12** 廿三	**13** 国家公祭日	**14** 廿五
15 廿六	**16** 廿七	**17** 廿八	**18** 廿九	**19** 三十	**20** 十一月	**21** 冬至
22 初三	**23** 初四	**24** 初五	**25** 初六	**26** 初七	**27** 初八	**28** 初九
29 初十	**30** 十一	**31** 十二				

琴棋书画

第 49 周

Mon. **星期一**
乙巳年十月十二 / *1*

Tues. **星期二**
乙巳年十月十三 / *2*

Wed. **星期三**
乙巳年十月十四 / *3*

听弹琴

〔唐〕刘长卿

泠泠七弦上，
静听松风寒。
古调虽自爱，
今人多不弹。

Thur. **星期四** / **4**
乙巳年十月十五

◆ 下元节 ◆

Fri. **星期五** / **5**
乙巳年十月十六

Sat. **星期六** / **6**
乙巳年十月十七

Sun. **星期日** / **7**
乙巳年十月十八

◆ 大雪 ◆

Dec.

十二月

大雪

二六六

瑞雪
兆丰年

夜雪

〔唐〕白居易

已讶衾枕冷，
复见窗户明。
夜深知雪重，
时闻折竹声。

乙巳年 蛇年 十月十八
冬季的第三个节气

大雪满初晨，
开门万象新。

■ 冬季雪满天，来岁是丰年 ■

　　大雪节气与小雪节气一样，是反映气温与降水变化趋势的节气，气候特征是气温显著下降、降水量增多。大雪时节，大部分地区已进入寒冷冬季，北方一些地区的最低温度都降到了 0℃ 或以下，有"千里冰封，万里雪飘"的自然景观，南方也有"雪花飞舞，漫天银色"的迷人图画。

山水盆景

第 50 周

Mon. **星期一**
乙巳年十月十九 / **8**

Tues. **星期二**
乙巳年十月二十 / **9**

Wed. **星期三**
乙巳年十月廿一 / **10**

Dec.

十二月

盆池

〔唐〕杜牧

凿破苍苔地，
偷他一片天。
白云生镜里，
明月落阶前。

Thur. **星期四** / **11**
乙巳年十月廿二

Fri. **星期五** / **12**
乙巳年十月廿三

Sat. **星期六** / **13**
乙巳年十月廿四

◆ 国家公祭日 ◆

Sun. **星期日** / **14**
乙巳年十月廿五

Dec.

十二月

武陵源

第 51 周

Mon. **星期一**
乙巳年十月廿六 / **15**

Tues. **星期二**
乙巳年十月廿七 / **16**

Wed. **星期三**
乙巳年十月廿八 / **17**

Dec.

十二月

武陵桃源送人

〔唐〕包融

二七四

武陵川径入幽遐，
中有鸡犬秦人家。
先时见者为谁耶？
源水今流桃复花。

Thur. **星期四** / **18**
乙巳年十月廿九

Fri. **星期五** / **19**
乙巳年十月三十

Sat. **星期六** / **20**
乙巳年十一月初一

Sun. **星期日** / **21**
乙巳年十一月初二

•冬至•

Dec.

十二月

冬至

二七六

乙巳年 蛇年 十一月初二
冬季的第四个节气

邯郸冬至夜思家

〔唐〕白居易

邯郸驿里逢冬至，
抱膝灯前影伴身。
想得家中夜深坐，
还应说着远行人。

吃饺子

一阳初动处，万物未生时。

■ 冬至大如年 ■

冬至，又称冬节、亚岁等，既是二十四节气中一个重要的节气，也是民间传统的祭祖节日，古代民间有"冬至大如年"的讲法。在南方地区，有冬至日祭祖、宴饮的习俗；在北方地区，有冬至日吃饺子的习俗。过了冬至，白昼一天比一天长，各地气候都将进入一个最寒冷的阶段。

中华全国集邮联合会第一次代表大会

第 52 周

Dec.

十二月

赠范晔诗

〔南北朝〕陆凯

折花逢驿使，
寄与陇头人。
江南无所有，
聊赠一枝春。

Thur. **星期四** / **25**
乙巳年十一月初六

Fri. **星期五** / **26**
乙巳年十一月初七

Sat. **星期六** / **27**
乙巳年十一月初八

Sun. **星期日** / **28**
乙巳年十一月初九

Dec.

十二月

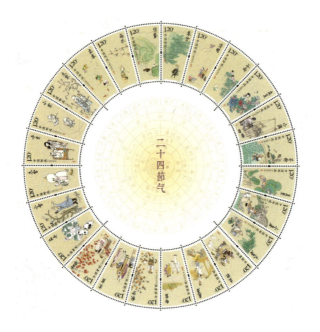

二十四节气

第 53 周

Mon. **星期一** / **29**
乙巳年十一月初十

Tues. **星期二** / **30**
乙巳年十一月十一

Wed. **星期三** / **31**
乙巳年十一月十二

Dec.

十二月

寒来暑往，星月斗移，
持之以恒兮，天地之造化！